Martin Lenz · Manfred Mai
Linus, der Pechvogel

LEVEL 1 2 3

Martin Lenz · Manfred Mai

Linus,
der Pechvogel

Mit Illustrationen von
Isabelle Metzen

Hase und Igel®

Als Titel der Reihe LEVEL 1, 2, 3
liegt dieses Buch in drei Schwierigkeitsstufen vor.

Außerdem gibt es dazu für Lehrkräfte
ein ausführliches Begleitmaterial beim Hase und Igel Verlag.

© 2022 Hase und Igel Verlag GmbH, München
www.hase-und-igel.de
Lektorat: Anna Schultes
Satz: Appel Grafik München GmbH
Druck: Grafisches Centrum Cuno GmbH & Co. KG

ISBN 978-3-86316-183-5
2. Auflage 2024

Inhalt

1. Hilfe!

Linus sitzt an den Hausaufgaben. Deutsch hat er schon gemacht. Das war einfach und ging flott. Aber eine Rechenaufgabe bereitet ihm Kopfzerbrechen: *Familie Schneider fährt von ihrer Heimatstadt aus zu einem*
₅ *273 km entfernten Campingplatz. Sie legt mit ihrem Wohnmobil durchschnittlich 80 km in der Stunde zurück. Wie weit sind die Schneiders nach drei Stunden Fahrt noch von dem Campingplatz entfernt?*

Linus kaut auf seinem Bleistift herum. Warum muss
₁₀ ich das ausrechnen?, fragt er sich. Mir doch egal, wie weit die noch entfernt sind.

Seine Gedanken schweifen von der Aufgabe zum letzten Sommerurlaub. Da waren sie auch auf einem Campingplatz. Kaum hatten sie das Zelt aufgebaut, ist
₁₅ Linus über eine Kiste gestolpert und gegen eine der Stangen gefallen. Das Zelt stürzte ein und begrub ihn unter sich. Lena hat gelacht, Liam erschrocken geschaut, Papa hat geschimpft und Mama bloß den Kopf geschüttelt.

₂₀ „Das kann doch jedem mal passieren", hat Linus gesagt und dabei geschnieft.

„Es passiert aber nicht jedem, sondern immer nur dir!", hat Papa behauptet.

Das stimmt ja wohl nicht, oder? Das Zelt war jeden-
₂₅ falls gleich wieder aufgebaut.

Vor lauter Nachdenken hat Linus gar nicht gemerkt, dass er dringend aufs Klo muss. Sehr dringend! Er lässt den Bleistift fallen, klemmt die Schenkel zusammen und schlurft über den Flur, so schnell er kann. In diesem
5 Augenblick kommt Lena aus ihrem Zimmer, sieht ihn und fängt an zu lachen. „Hast du etwa in die Hose gemacht?"

Linus läuft wortlos an ihr vorbei. Im Klo schafft er es gerade noch auf die Schüssel. Das war knapp … Er-
10 leichtert greift Linus nach dem Klopapier – aber die Rolle ist leer! Das darf doch nicht wahr sein, schießt es

ihm durch den Kopf. Er drückt auf die Spülung und schaut hoch zum Fenstersims, wo meistens eine Ersatzrolle liegt. Nichts, kein Klopapier. Linus überlegt hin und her. Schließlich ruft er laut um Hilfe.

5 Wenig später wird die Tür aufgestoßen. „Was ist passiert?", fragt Mama, die Liam auf dem Arm hat.

„Linus macht Kacka", babbelt Liam, als er Linus auf der Schüssel sitzen sieht.

Jetzt drängelt sich auch noch Lena neben Mama in 10 den Türrahmen und sagt: „Der hat kein Papier, garantiert!" Sie fängt wieder an zu lachen.

„Stimmt das?"

Linus nickt.

„Und warum rufst du dann um Hilfe, dass ich denke, 15 es ist weiß Gott was passiert?", fragt Mama.

„Linus macht Kacka", wiederholt Liam. Aber niemand beachtet ihn.

„Weil … weil …" Linus weiß nicht, was er sagen soll.

Mama wendet sich an Lena: „Hol bitte eine Rolle 20 Klopapier, damit das Ganze hier ein Ende hat!"

Murrend verschwindet Lena und Mama zieht die Tür zu.

„Linus macht Kacka", babbelt Liam zum dritten Mal.

„Ja, er macht Kacka", sagt Mama leicht genervt und 25 geht mit ihm die Treppe hinunter.

Lena kommt mit dem Klopapier, öffnet die Tür gerade so weit, dass die Rolle hindurchpasst, und wirft sie hinein. „Brich dir beim Abputzen keinen Finger!"

„Hau ab!", ruft Linus.

5 Kurz darauf sitzt er wieder über der Matheaufgabe. Jetzt weiß er noch weniger, was er eigentlich rechnen soll. Aber eines weiß er dafür ganz sicher: Seine Schwester wird er nicht bitten, ihm zu helfen. Auf gar keinen Fall!

„Linus! Kommst du bitte zum Abendbrot?", ruft Mama
10 nach oben.

„Ja, ich komme!" Er lässt die ungelöste Aufgabe liegen.

„Na, hast du deine Hände nach dem Kackamachen auch schön gewaschen?", stichelt Lena schon wieder, als er sich an den Tisch setzt.

Linus streckt ihr die Zunge raus.

5 Während Mama für Liam eine Tomate in kleine Stückchen schneidet, schmiedet Linus einen Plan. Als Lena kurz aufsteht, schlägt Linus 10 zu: Er kippt Salz in ihr Glas, das mit Apfelsaft gefüllt ist.

Gerade will Linus in sein Salamibrot beißen, 15 da klingelt es an der Haustür. „Ich mach auf!", ruft er und rennt los.

„Linus hat Salz da rein, Linus hat Salz da rein", sagt Liam und zeigt dabei auf Lenas Glas.

20 Lena schmunzelt. Sie taucht einen Finger in den Saft und leckt ihn vorsichtig ab. „Mit mir nicht, Bürschchen!", murmelt sie. Schnell tauscht sie ihr Glas gegen das von Linus aus, ohne dass Mama es bemerkt.

„Es war der Postbote, er hat ein Paket gebracht", sagt 25 Linus. Er will es gleich öffnen.

„Leg das Paket weg! Jetzt wird erst Abendbrot gegessen", bremst ihn Mama.

Linus hört am Ton, dass es besser ist, wenn er sich hinsetzt. Dann beißt er herzhaft in sein Salamibrot,
5 greift nach seinem Glas und nimmt einen kräftigen Schluck … Sofort verzieht Linus das Gesicht. Er bekommt einen roten Kopf und bläst die Backen auf wie eine Kröte, wenn sie quakt. Linus kann das Salz-Apfelsaft-Salamibrot-Gemisch nicht mehr im Mund halten
10 und spuckt es über den Tisch.

Lena fängt an, laut zu lachen.

„Pfui Teufel!", ruft Mama.

„Pfui Teufel", plappert Liam hinterher.

„Was ist denn hier los?", fragt Papa, der gerade nach
15 Hause kommt und vom Flur aus zugehört hat.

„Linus hat Salz da rein", sagt Liam wichtig.

„Was ist mit dem Salz?", hakt Papa nach.

„Ich … ich weiß nicht", stammelt Linus. „Wahrscheinlich hab ich … äh … aus Versehen Salz in mein
20 Glas gekippt."

„Du hast was?"

„Ich wollte … ich habe …" Linus schaut zu seiner Schwester, die schadenfroh grinst. Da begreift er, was abgelaufen ist, sagt jedoch nichts. Wortlos isst er sein
25 Salamibrot. Normalerweise reicht ihm eines nicht, aber

der große Appetit ist ihm vergangen. Er trottet nach oben und verzieht sich in sein Zimmer.

Nach dem Abendessen sagt Mama zu Lena: „Frag bitte mal, ob Linus seine Hausaufgaben gemacht hat.
5 Falls nötig, hilfst du ihm."

„Keine Lust."

„Dann hab ich auch keine Lust, dir die neuen Schuhe zu kaufen", funkt Papa dazwischen.

„Also gut", brummt Lena und geht hoch. Ohne an-
10 zuklopfen, öffnet sie die Tür.

„Was willst du?"

„Ich will gar nichts", antwortet Lena. „Ich soll dich fragen, ob du deine Hausaufgaben gemacht hast."

Linus zögert. Dann fragt er: „Wie hast du das mit
15 dem Salz gemerkt?"

Lena lächelt, antwortet aber nicht.

„Los, sag's mir!"

„Na gut", gibt Lena nach. „Liam hat es mir verraten."

„Der Knirps?", ruft Linus.

20 „Der Knirps", bestätigt Lena. „Und was ist jetzt mit deinen Hausaufgaben? Ich hab nicht ewig Zeit." Sie schaut auf ihr Handy.

„Na, warte!", brummt Linus und meint damit seinen kleinen Bruder. Zu Lena sagt er: „Eine Rechenaufgabe
25 kann ich nicht."

„Zeig mal her."

„Meinst du das ernst?", fragt Linus ungläubig.

„Wäre ich sonst hier?"

Linus holt das Buch, schlägt es auf und deutet auf die
5 Aufgabe.

Lena liest den Text. „Das ist doch ganz einfach", sagt
sie. „Du musst die drei Stunden Fahrzeit mit den 80 km
multiplizieren. Also 80 km mal 3, das sind 240 km."

Linus schaut verwundert. „Und dann?"
10 „Dann ziehst du das Ergebnis von den 273 km ab.
Verstanden?"

„Wie viel ist das?", fragt Linus. Das könnte er zwar
selbst ausrechnen, aber bei Lena geht's schneller.

„33 km", antwortet sie.
15 Linus schreibt das Ergebnis als Antwort ins Heft.

„War's das?", fragt Lena.

Linus nickt.

In diesem Augenblick meldet sich Lenas Handy: pling!
Sie schaut sofort, wer ihr etwas geschickt hat, und ver-
20 lässt das Zimmer.

„Danke!", ruft Linus ihr noch hinterher.

2. Immer nur Pech?

Wie jeden Morgen fährt Linus mit dem Fahrrad auf dem Weg zur Schule bei seinem Freund Yusuf vorbei. Der wartet schon und meckert: „Wo bleibst du denn so lange?"

5 „Ich hab meinen Helm nicht gleich gefunden", entschuldigt sich Linus.

Yusuf rollt mit den Augen, sagt aber nichts. Er steigt auf sein Rad und düst los. Linus hat Mühe, ihm zu folgen.

10 Unterwegs merkt Linus, dass er nicht mehr wie sonst lenken kann. Etwas stimmt mit seinem Vorderrad nicht. „He, Yusi!", ruft er. „Warte mal!"

Yusuf bremst ab und schaut zurück. „Was ist jetzt wieder?"

15 Linus ist schon abgestiegen und begutachtet das Vorderrad.

Yusuf kommt angefahren. „Was ist los?", fragt er noch mal.

„Ich glaub, ich hab einen Platten!"

20 „Lass mal sehen!" Yusuf steigt ab und drückt auf den Reifen. „Kaum Luft drin", stellt er fest.

„Sag ich ja."

„Wann hast du den zum letzten Mal aufgepumpt?", möchte Yusuf wissen.

25 „Gestern."

„Hm." Yusuf dreht das Vorderrad langsam und schaut sich den Reifen genau an. „Da!", sagt er. „Du bist in einen Glassplitter gefahren."

„Das gibt's doch nicht!"

5 „Doch, das gibt's", erwidert Yusuf. „Siehst du, er steckt noch drin."

Jetzt entdeckt Linus ihn auch und murmelt: „Du bist vor mir gefahren, hast aber keinen Splitter im Reifen."

„Ich hab eben Glück gehabt und bin daran vorbei-
10 gekommen."

Linus nickt. „Genau. Aber ich nicht. Ich hab nie Glück, immer nur Pech."

16

„Quatsch", widerspricht Yusuf. „Niemand hat immer nur Pech."

„Ich schon", brummt Linus.

Yusuf beendet das Thema, indem er sagt: „Los, wir müssen weiter, sonst kommen wir noch zu spät."

„Du kannst ja weiterfahren", gibt Linus bissig zurück.

Yusuf tippt sich an die Stirn. „Ich fahr doch nicht und lass dich laufen."

Also schieben sie ihre Räder zur Schule.

Ben aus ihrer Klasse sieht sie kommen und stellt sich ihnen auf dem Schulhof breitbeinig in den Weg. „Wisst ihr, was mein Papa immer sagt?"

„Das wollen wir gar nicht wissen", antwortet Linus.

„Ich sag's euch trotzdem: Wer sein Fahrrad liebt, der schiebt. Ihr liebt eure Räder anscheinend." Dazu lacht Ben spöttisch.

„Geh aus dem Weg, du Blödmann!", ruft Linus wütend und bewegt sein Rad mit einem Ruck vorwärts.

Ben springt überrascht zur Seite. „Spinnst du?"

„Ich nicht", erwidert Linus und schiebt sein Rad an Ben vorbei zu den Fahrradständern.

„Geschieht dir ganz recht, dass du einen Platten hast", giftet ihm Ben hinterher und verzieht sich.

Linus und Yusuf schließen ihre Räder ab.

„Los, schnell rein jetzt!", sagt Linus.

17

Sie schaffen es gerade noch vor ihrer Lehrerin ins Klassenzimmer.

„Das war aber knapp", sagt Frau Minski lächelnd. Schon während der Begrüßung lässt sie den Blick durch
5 die Reihen schweifen. „Alle da, niemand krank. Das ist prima! Dann wollen wir mal die Mathehausaufgaben besprechen."

Die Kinder schlagen ihre Hefte auf.

Frau Minski zieht die Tafel ein Stück herunter und
10 fragt: „So, wer kann mir die Lösung zu der ersten Aufgabe nennen?"

Finger gehen hoch und einige schnippen. „Ich! Ich! Ich weiß es!", hört man aus den Reihen.

„Pssst", macht die Lehrerin.

15 „33 km", rutscht es Linus da heraus. Sofort hält er sich die Hand vor den Mund. Zu spät. Was gesagt ist, ist gesagt.

Die anderen Schüler beschweren sich: „Man soll nicht reinrufen! Das ist gemein!"

20 „Richtig", stimmt Frau Minski ihnen zu und schaut Linus dabei an. „Dann komm doch bitte mal an die Tafel und zeig uns, wie du das gerechnet hast."

„Ich ... ähm ... ich ... Kann nicht ein anderer ...? Mein Bein tut so weh", stammelt Linus, der nicht gern
25 an der Tafel rechnet.

„Davon hab ich aber nichts gesehen, als du vorhin an mir vorbei ins Klassenzimmer gelaufen bist", erwidert die Lehrerin.

„Ich ... ich ..."

5 „Linus!" Mehr sagt sie nicht.

Er steht auf und humpelt nach vorne.

Gekicher!

„Was hat der denn?", fragt Emma.

„Bestimmt hat er gestern beim Kicken wieder mal
10 gegen den Torpfosten getreten!", ruft Ben.

Noch mehr Gekicher.

„Ihr seid gemein!", sagt Yusuf.

Als Linus an Ben vorbeiwill, streckt der plötzlich das Bein in den Gang. Mit so etwas hat Linus gerechnet.
15 Er springt darüber und zeigt Ben den Stinkefinger.

„Ben, Linus, lasst den Unsinn!", sagt die Lehrerin.

An der Tafel versucht Linus sich zu erinnern, was Lena ihm gestern erklärt hat.

„Na los, mach voran, wenn du schon reinrufst!",
20 meckert Jonas aus der hinteren Reihe.

„Lass ihn doch in Ruhe überlegen", mischt sich Mila ein.

Alle Köpfe drehen sich zu ihr. Und sofort wird getuschelt. „Verknallt" und „verliebt" und „küssen" ist zu
25 hören.

19

„Schluss jetzt!" Frau Minski klatscht in die Hände.
Dann wendet sie sich an Linus: „Na, was ist? Kannst
du uns zeigen, wie du die Aufgabe gerechnet hast?"

Linus hört die Worte seiner Schwester und schreibt
5 273 km an die Tafel. Darunter schreibt er 240 km und
zieht einen Querstrich. „80 km mal drei Stunden Fahrzeit ergibt 240 km", erklärt er dazu. „Das muss man
von der ganzen Strecke abziehen." Unter den Strich
schreibt er das Ergebnis und sagt: „33 km sind sie noch
10 vom Campingplatz entfernt."

In der Klasse ist es ruhig geworden. Nicht einmal
Ben ist zu hören.

Frau Minski nickt anerkennend. „Prima, Linus! Du kannst dich wieder setzen."

Es ist schon gut, eine Schwester wie Lena zu haben, denkt Linus. Auch wenn sie manchmal richtig zickig ist und nervt.

Auf dem Weg zu seinem Platz humpelt Linus nicht mehr. Er hätte große Lust, allen die Zunge rauszustrecken. Allen, bis auf Yusuf und Mila. Die lächelt ihn an, dass ihm ganz warm im Bauch wird.

21

3. Held der Meere

Am Nachmittag trifft sich Linus mit Yusuf auf dem Bolzplatz. Als sie sich den Ball zuspielen, fragt Linus: „Findest du auch, dass ich mehr Pech habe als andere und mir ständig komische Sachen passieren?"

5 „Wer sagt das denn?", fragt Yusuf zurück.

„Mein Papa und … Ach, eigentlich sagen es alle." Linus wird ein wenig traurig.

„Das finde ich nicht", sagt Yusuf. „Für mich bist du ganz normal."

10 Jetzt zieht ein Lächeln über Linus' Gesicht. Gut, dass er Yusuf hat. „Machen wir Stürmer und Torwart?", schlägt er vor.

„Jaaa!", ruft Yusuf. „Ich bin Lewandowski und du Kobel."

15 „Wer ist denn Kobel?"

„Der Torhüter von Borussia Dortmund", antwortet Yusuf.

Linus geht ins Tor und stellt sich in Position. Yusuf schießt sofort, doch der Ball fliegt knapp am Tor vor-
20 bei. Auch der zweite Schuss trifft das Tor nicht.

„So kann ich ja keinen Ball halten, wenn du immer vorbeischießt", beschwert sich Linus. „Lass mich mal Lewandowski sein und du gehst ins Tor."

Die beiden wechseln die Position. Yusuf wartet, bis
25 Linus sich den Ball zurechtgelegt hat. Aber das dauert.

22

Wieder und wieder rollt er den Ball ein winziges Stückchen nach links oder nach rechts.

„Na los!", meckert Yusuf.

Endlich liegt der Ball richtig. Linus läuft an und
5 schießt.

Yusuf hechtet und macht sich lang,
kann den Ball jedoch nicht halten.
„Das war ein klasse Schuss,
Lewy!", lobt er seinen Freund.
10 „Der war unhaltbar."

Linus freut sich. Schade,
dass Mila mich nicht gesehen
hat, denkt er. Und schon, wenn
er an sie denkt, wird ihm warm
15 im Bauch. Aber er lässt sich nichts anmerken und sagt:
„Gib mir den Ball. Ich schieß noch mal!"

Wieder legt Linus sich den Ball behutsam zurecht. Er
läuft an – und tritt mit dem Fuß in den Boden. Der
Ball, den er fast gar nicht getroffen hat, kullert langsam
20 aufs Tor zu und bleibt dann liegen. „Au! Au!", ruft Linus
und hüpft auf einem Bein. „Ich glaub, ich hab mir den
Zeh gebrochen." Er lässt sich auf den Boden fallen.

Yusuf kommt angerannt und sagt: „Zieh mal deinen
Schuh aus."
25 „Au, das tut weh", jammert Linus.

23

„Das ist mir auch schon passiert. So schlimm ist das nicht", beruhigt ihn Yusuf.

„Der Zeh wird bestimmt blau – was meinst du?"

„Möglich." Yusuf grinst. „Aber jedenfalls ist er noch dran." Er streckt Linus die Hand entgegen und zieht ihn hoch. „Für heute ist Schluss mit Fußball. Los, wir gehen zu mir. Ich muss dir was zeigen."

„Hallo, Linus. Hallo, Yusuf", sagt Yusufs Mutter, als die beiden ins Haus kommen. Sie bemerkt, dass Linus humpelt. „Was ist denn passiert?"

„Er hat beim Fußball in den Boden getreten", erklärt Yusuf.

„Du bist aber ein Pechvogel", sagt Yusufs Mutter. „Am besten kühlen wir das. Warte einen Moment."

„Pechvogel, Pechvogel", murmelt Linus. „Da haben wir es wieder."

„Was hast du gesagt?", fragt Yusuf.

„Ach, nichts."

Yusufs Mutter kommt mit einem Kühlbeutel und legt ihn auf Linus' Zeh. „Tut es sehr weh?"

Linus schüttelt den Kopf und beißt die Zähne zusammen. Nicht, dass er auch noch als Weichei hingestellt wird. Er wendet sich an Yusuf: „Du wolltest mir doch was zeigen, oder?"

24

„Schscht!", macht der und legt einen Finger auf den Mund.

Aber seine Mutter ahnt schon, was gemeint ist. „Es wird nicht den ganzen Nachmittag an der Konsole ge-

5 hangen. Lest lieber mal ein Buch!"

„Klar, Mama, machen wir", sagt Yusuf. Er geht mit Linus in sein Zimmer und startet sein neues Videospiel *Helden der Meere*. „Du musst versuchen, mit deinem Schiff und den Netzen so viele Fische einzufangen wie

10 möglich, um sie in andere Meere umzusiedeln. Ich zeig dir kurz, wie es funktioniert."

Linus passt genau auf, dann legen sie los. Es dauert nicht lange, bis Linus die ersten Fische erwischt. Er ist sehr konzentriert bei der Sache und vergisst alles um

15 sich herum.

„Wie machst du das nur?", fragt Yusuf erstaunt. „Du hast schon zwei volle Netze ins Schiff verladen."

Linus zuckt mit den Schultern und murmelt: „Ist doch easy."

20 „Du bist kein Pechvogel, sondern ein Held der Mee-re", sagt Yusuf.

Linus kichert. „Ich hab einen Walhai gefangen!", ruft er vergnügt.

„Und ich einen Blauwal!", jubelt Yusuf.

25 „Wow, ist der riesig!"

25

Es klopft an die Zimmertür. Yusufs Mutter streckt den Kopf herein. „Was ist denn bei euch los?"

„Ach, Mama, jetzt hab ich den Fang wieder verloren", meckert Yusuf.

5 „Mein Schiff ist bald voll", freut sich Linus. Er hat Yusufs Mutter noch gar nicht bemerkt.

„Jetzt ist Schluss! Draußen scheint die Sonne und ihr hockt im Zimmer rum. Raus mit euch!", sagt sie und zieht den Stecker.

4. Ein Glückskind ―――――――――――

Yusuf und Linus verlassen das Haus.

„Ist deine Mama sauer auf uns?", will Linus wissen.

„Ach was, die meint das nicht so."

Die beiden trotten durch den Garten. Linus zieht die
5 Gartentür hinter sich zu und fragt: „Was machen wir
denn jetzt?"

„In der Stadt wird uns schon was einfallen", antwortet Yusuf.

Linus zeigt auf seinen Fuß. „Mit meinem Zeh kann
10 ich aber nicht weit laufen."

„So weit ist es ja nicht. Das schaffst du", meint Yusuf.

Sie gehen los, wobei Linus ein wenig humpelt.

Auf dem Marktplatz tummeln sich viele Menschen.
Einige sitzen beim Bäcker, trinken Kaffee und essen
15 Kuchen. Andere genießen ein kühles Getränk oder ein
Eis beim Italiener.

Yusuf leckt sich die Lippen. „Ich hab total Lust auf
ein Eis."

„Oh ja", sagt Linus. „Hast du Geld?"

20 „Nein, mein letztes hab ich heute in der Schule aus-
gegeben."

„Ich hab auch keins dabei." Linus zieht bedauernd
die Schultern hoch.

Etwas enttäuscht schlendern sie weiter und nähern
25 sich dem Marktbrunnen. Linus hebt einen kleinen Stein

vom Boden auf und sagt: „Wetten, dass ich ins Wasser treffe?"

„Das ist ja aus dieser Entfernung kein Kunststück", entgegnet Yusuf.

5 Linus zielt und wirft. Zack, der Stein fliegt knapp am Brunnen vorbei. „Mist!"

„Ich zeig dir mal, wie das geht", gibt Yusuf an. Er sucht einen Stein, findet aber nur einen alten Bierdeckel.

„Und den willst du da reintreffen?", fragt Linus.

10 „Das wirst du gleich sehen." Yusuf wirft, der Bierdeckel gleitet durch die Luft und landet tatsächlich im Brunnen. „Yes!" Er ballt die Faust.

„Hey, cool!", sagt Linus. „Das probier ich auch."

28

Sie laufen zum Brunnen, wobei Linus seinen Zeh nicht mehr spürt. Der Bierdeckel schwimmt noch auf der Wasseroberfläche.

„Hey, da unten liegen überall Münzen!", ruft Yusuf.

5   „Damit könnten wir uns Eis kaufen."

Linus nickt. „Aber wie kriegen wir die hoch?"

„Wir bräuchten einen Kescher", überlegt Yusuf.

„Oder einen langen Ast."

Yusuf schüttelt den Kopf. „Wie willst du denn mit

10   einem Ast die Münzen rausziehen?"

„Wir brauchen einen Magnet", sagt Linus.

„Hast du einen?"

„Nein."

„Es gibt nur eine Möglichkeit", meint Yusuf. „Einer

15   von uns beiden muss da rein."

Linus taucht eine Hand ins Wasser. „Das ist ziemlich kalt, Yusi." Er schaut sich um. „Und dann noch die ganzen Leute hier."

„Denk an das Eis", sagt Yusuf. „Wir losen aus, okay?"

20   Linus ist einverstanden. Er holt den Bierdeckel, der am Rand des Brunnens schwimmt. „Was willst du, Vorder- oder Rückseite?"

„Vorderseite."

„Wenn die Vorderseite oben ist, hast du gewonnen.

25   Dann muss ich rein. Bei der Rückseite du." Linus wirft

29

den Bierdeckel in die Luft und lässt ihn auf den Boden fallen. Vorderseite.

Yusuf pustet erleichtert aus.

„Das war ja klar", brummt Linus. „Ich hab immer
5 Pech. Aber egal. Wir haben es ausgemacht, jetzt geh ich auch rein." Linus zieht Schuhe, Socken, Jeans und T-Shirt aus.

„Wenn du drin bist, duckst du dich gleich, damit dich niemand sehen kann", sagt Yusuf.

10 Linus setzt sich auf den Rand des Brunnens und hängt die Beine ins Wasser. „Brrr", macht er.

Yusuf schaut sich um, doch bisher scheint niemand die beiden zu beachten.

Linus rutscht vom Rand und steht bis zur Unterhose
15 im Wasser. Einen Moment hält er den Atem an. Dann holt er tief Luft und taucht. Wenig später kommt er wieder hoch und legt die ersten Münzen auf den Brunnenrand.

„Super!", lobt ihn sein Freund und steckt das Geld in
20 die Hosentasche.

So geht das mehrere Male, bis Linus länger unten bleibt.

Yusuf beugt sich über den Rand. „Was macht er denn so lange?", murmelt er ängstlich. Gerade als er ins
25 Wasser springen will, um seinen Freund zu retten, taucht

30

der auf. Linus bläst eine Fontäne in die Luft wie ein Wal. Yusuf weicht zurück. „Spinnst du?", zischt er verärgert.

„Ich hab einen goldenen Ring gefunden!", ruft Linus
5 strahlend.

„Nicht so laut!"

„Ich komm jetzt raus", sagt Linus leise und klettert über den Rand des Brunnens. Schnell zieht er sich wieder an. „Wie viel Geld haben wir?"

10 Yusuf zählt. „Acht Euro vierzig", antwortet er.

„Das reicht für zwei Eis", meint Linus.

„Zeig mal den Ring."

Linus öffnet seine rechte Hand.

„Wow, der ist bestimmt einiges wert, du Glückspilz",
15 sagt Yusuf.

31

Linus kann kaum glauben, dass er einen wertvollen Ring gefunden hat. Ausgerechnet er, wo er doch dachte, er sei ein Pechvogel. Und nun nennt ihn sein Freund einen Glückspilz – und hat damit ganz recht! Linus
5 strahlt. Er hat auch schon eine Idee, was er mit dem Ring machen könnte.

Yusuf reißt ihn aus seinen Gedanken. „Jetzt gehen wir erst mal Eis essen."

Auf dem Weg zum Italiener färbt sich Linus' hell-
10 graue Jeans dunkel. Ein kleines Mädchen zeigt auf ihn und sagt im Vorbeigehen: „Mama, guck, der hat in die Hose gemacht."

Nun sieht Yusuf die nasse Hose auch, verkneift sich aber das Lachen. „Komm, wir gehen nach Hause. Dann
15 kannst du dich umziehen."

„Nö, wir essen jetzt unser Eis", erwidert Linus. „Sollen doch alle denken, was sie wollen. Mir egal."

„Wie du meinst."

Beim Italiener bestellt jeder drei Kugeln.
20 „Das Eis hast du dir wirklich verdient, mein Junge", sagt plötzlich eine weibliche Stimme.

Linus dreht sich überrascht um, verliert das Gleichgewicht und stolpert. Das Eis fliegt im hohen Bogen durch die Luft und landet auf dem Boden. „So ein
25 Mist!", schimpft er.

„Du bist ja ein Glückskind und ein Pechvogel zu-
gleich", sagt die Frau. „Ich hab euch beobachtet und
mich sehr über eure Brunnenaktion amüsiert. Du hast
dich so um das Geld bemüht, und jetzt liegt dein Eis
5 im Dreck." Sie holt einen Fünfeuroschein aus ihrem
Geldbeutel und gibt ihn Linus. „Weil das meine Schuld
war, kannst du dir dafür ein neues Eis kaufen."

Linus bedankt sich und nimmt noch mal drei Kugeln.
Diesmal sogar mit Sahne obendrauf.

5. Alles für Mila

Nach ein paar Tagen sieht Linus' Zeh wieder aus wie vor dem Tritt in den Boden und er tut auch nicht mehr weh. Deswegen würde er gern kicken. Aber Yusuf schüttelt den Kopf. „Bei dem tollen Wetter renne ich nicht auf dem Bolzplatz herum. Da weiß ich was Besseres."

„Du meinst baden?"

„Genau. Wir gehen ins Freibad."

Linus ist einverstanden.

Weil so schönes Wetter ist, haben sie keine Hausaufgaben. Gleich nach dem Mittagessen brechen sie auf. Zum Schwimmbad sind es nur ein paar Minuten. Sie schließen ihre Räder ab und Yusuf stellt sich ans Ende der Warteschlange. Linus bleibt zurück, weil er noch seine Euros sucht.

„Was ist los? Warum kommst du denn nicht?", ruft Yusuf.

„Ich finde mein Geld nicht", antwortet Linus, der in seiner Tasche wühlt.

„Das kann doch nicht wahr sein! Komm schon, ich leih dir was", sagt Yusuf. Er bezahlt den Eintritt für sich und Linus.

„Den kriegst du zurück", verspricht Linus. „Das Geld muss da sein."

„Jaja", sagt Yusuf nur.

Sie ziehen sich um und gehen zur Liegewiese. Dort entdeckt Linus Mila. Sie sitzt neben ihrer Freundin Amelie auf einem lila Badetuch. Linus kann seinen Blick nicht von Mila abwenden.

5 „Pass auf!", ruft Yusuf.

Zu spät. Linus stolpert über eine Frau, die auf dem Bauch liegt und sich von der Sonne bräunen lässt. Er kann sich nicht mehr halten und landet auf dem Boden.

„He, hast du keine Augen im Kopf?", zischt sie ärger-
10 lich.

Sofort rappelt Linus sich wieder hoch und hofft, dass Mila nichts bemerkt hat.

„Du könntest dich wenigstens entschuldigen", sagt der Mann neben der Frau.

Linus schaut die Frau an und murmelt: „'tschuldigung. Ich … hab Sie nicht gesehen."

5 „Das will ich doch hoffen", erwidert sie. „Sonst müsste ich ja annehmen, dass du mir absichtlich auf den Rücken getreten bist."

„Äh … nein … das war keine Absicht."

Der Mann brummt etwas Unverständliches und dreht
10 sich um.

Unsicher macht Linus ein paar Schritte rückwärts und wäre fast über die nächste Frau gestolpert, hätte Yusuf ihn nicht am Arm gepackt. Er steuert mit seinem Freund einen freien Platz an.

15 „Hier gefällt's mir nicht", sagt Linus.

„Warum nicht?"

Linus gibt keine Antwort, sondern geht in Richtung Mila. Er legt sein Handtuch auf den Boden und setzt sich so darauf, dass er sie sehen kann.

20 „Warum gefällt's dir denn hier besser?", fragt Yusuf. Dann bemerkt er Mila und Amelie. „Ist es wegen den beiden?"

Linus schüttelt den Kopf.

„Klar ist es wegen denen", behauptet Yusuf.

25 „Wegen Amelie nicht", erwidert Linus.

„Aber wegen Mila." Yusuf setzt sich neben seinen Freund. „Bist du etwa …"

In diesem Augenblick entdeckt Mila die Jungen und winkt kurz. Linus winkt zurück.

5 „Seid ihr verknallt?", möchte Yusuf wissen.

Linus wird ein wenig rot. Statt zu antworten, sagt er: „Los, wir gehen ins Wasser!"

Vom Beckenrand aus schauen sie einem Mädchen zu, wie es vom Dreier springt – mit dem Kopf voraus.

10 „Das will ich auch können", sagt Linus.

„Ich auch", murmelt Yusuf.

Ein paar größere Jungen und Mädchen steigen die Leiter hoch. Alle springen.

Da kommt Ben aus ihrer Klasse und meint: „Wetten, 15 das traut ihr euch nicht, ihr Feiglinge?" Schon läuft er zum Sprungturm und klettert hinauf. Dann lässt er sich mit den Füßen voraus kerzengerade ins Wasser fallen.

„So ein Angeber", sagt Yusuf.

Linus blickt sich um – und sieht Mila. Sie lächelt 20 ihm zu. Er spürt ein Kribbeln im Bauch, atmet tief durch und geht los.

„Wo willst du hin?", fragt Yusuf.

Ohne zu antworten, nähert Linus sich dem Sprungturm und steigt langsam nach oben. Er hat Angst, 25 trotzdem nimmt er Stufe um Stufe.

„Das traut sich der Loser nicht. Wetten?", hört er Ben sagen.

Nie nach unten schauen. Das hat er irgendwann mal gelesen. Mit erhobenem Kopf schafft Linus es bis aufs
5 Brett. Vorne bleibt er stehen und schließt kurz die Augen. Er sieht sich wie ein Profispringer mit weit ausgestreckten Armen und mit dem Kopf voraus springen. Er hört das Zischen beim Eintauchen ins Wasser und den Applaus der Zuschauer nach dem Auftauchen.

Linus fühlt sich leicht, federleicht. Was unten geschieht und geredet wird, nimmt er nicht mehr wahr. Er denkt an Mila, streckt die Arme nach oben und lässt sich nach vorne fallen. Bevor Linus noch etwas denken kann, verschlingt ihn das Wasser. Und Sekunden später taucht er prustend auf.

Yusuf steht wie angewurzelt am Beckenrand und kann nicht glauben, was er gerade gesehen hat. „Der muss verrückt sein", murmelt er.

„Das gibt's nicht", nuschelt Ben fassungslos. „Der macht einfach einen Kopfsprung."

Linus schwimmt zum Beckenrand.

Mila ist inzwischen neben Yusuf und ruft: „Wow, das war echt spitze!"

Linus' Herz klopft heftig. Vom Sprung und von dem, was Mila gesagt hat.

6. Linus und Liam

Linus kommt von der Schule nach Hause. „Hallo, Mama, ich bin da!" Er wirft seine Schultasche unter die Garderobe und will nach oben gehen.

„Das Essen ist fertig. Du kannst gleich hierbleiben."

5 In der Küche sitzt Liam schon in seinem Stuhl. Er hält Besteck in den Händen und klopft damit auf seinen Teller. Dabei schreit er: „Ich hab Hunger, ich hab Hunger, ich hab …"

„Hör auf!", zischt Linus. Er geht zu Mama an den 10 Herd und hebt den Deckel vom Topf. „Auch das noch", murmelt er. Sauerkraut! Ein Albtraum. „Mama, ich hab heute keinen Hunger, weil ich …"

„Wer nicht zu Mittag isst, der hat keine Energie",
unterbricht ihn Mama.

„Aber du weißt doch, dass ich Sauerkraut nicht mag."

„Sauerkraut ist gesund", erwidert Mama. „Und ein
5 bisschen davon kannst auch du essen."

„Ich hab Hunger", beschwert sich Liam wieder.

Mama gibt Schupfnudeln und Sauerkraut auf Liams
Teller. Dazu schneidet sie eine halbe Wurst in kleine
Stücke. Linus fischt einige Schupfnudeln aus dem Topf
10 und versucht dabei, so wenig Sauerkraut wie möglich
zu erwischen. Dafür nimmt er eine ganze Wurst. Mama
sagt nichts.

Nach ein paar Bissen patscht Liam seine Gabel in das
Essen. „Das mag ich nicht. Ich will Pommes!"

15 „Ich auch", unterstützt Linus seinen Bruder sofort.

„Es gibt nicht jeden Tag Pommes", sagt Mama.

Da stößt Liam seinen Teller weg, dass er beinahe vom
Tisch fällt.

„Liam!", ermahnt ihn Mama.

20 Er zerrt sein Lätzchen vom Hals und ruft: „Ich will
spielen!"

Mama hebt ihn aus seinem Stuhl und stellt ihn auf
den Boden. Er läuft zu der Kiste mit den Autos, holt
eines nach dem andern heraus und parkt sie sorgfältig
25 nebeneinander.

41

Der hat's gut, denkt Linus, schiebt sich eine Schupf-
nudel in den Mund und kaut so lange darauf herum,
als handle es sich um ein Stück zähes Leder.

„Ach, übrigens", sagt Mama, „ich muss heute Nachmittag ein paar Sachen erledigen. Dabei kann ich Liam
nicht brauchen …"

Linus ahnt schon, was jetzt kommt, und sagt schnell:
„Dann soll Lena auf ihn aufpassen."

„Lena hat bis um vier Schule."

Sauerkraut und danach noch auf Liam aufpassen –
das hält er nicht aus. Linus überlegt. Um aus dieser
Situation herauszukommen, fällt ihm nur eine Lösung
ein: „Ich will heute mit Yusi für die Mathearbeit ler-
nen."

„Das finde ich prima", lobt ihn Mama. „Aber das
macht ihr einfach, wenn ich wieder da bin. Viel länger
als eine Stunde wird es nicht dauern."

Linus weiß, dass er sie nicht umstimmen kann, und
gibt auf. Von den Schupfnudeln mit Sauerkraut isst er
allerdings keinen Bissen mehr. Jetzt erst recht nicht!

Wie immer hilft er beim Abräumen. Dann geht er
mit seinem Bruder in den Garten. Dort läuft Liam zur
Nestschaukel und klettert hinein. „Du sollst mich an-
stoßen!"

„Zu Befehl, mein Herr."

42

Liam stutzt. „Ich bin Liam, nicht mein Herr."

„Da bin ich aber froh", sagt Linus und schiebt die Schaukel kräftig an.

Während Liam schaukelt, kommt Mama in den Garten. „Ich geh jetzt. Passt gut auf euch auf und macht bitte keinen Unsinn."

„Tschüss, Mama!", ruft Liam.

Nach einer Weile will er nicht mehr schaukeln, sondern im Sandkasten spielen. Linus schiebt den Deckel weg und Liam fängt sofort an, eine Sandburg zu bauen. Linus setzt sich dazu. Ihm gehen viele Gedanken durch den Kopf. Vor allem denkt er an Mila: Vielleicht kann sie mir ja in Mathe mal helfen. Neben ihr zu sitzen, wenn sie mir die Rechenaufgaben erklärt, das wäre schön. Dann könnte ich ihr vielleicht den Ring schenken …

„Du sollst mitbauen." Mit diesem Satz reißt Liam ihn aus seinen Gedanken.

„Was ist los?"

„Du sollst mithelfen", wiederholt Liam.

„Keine Lust." Linus schaut zu seinem Bruder, dessen Mundwinkel zucken. Damit er nicht weint, nimmt Linus ein Schäufelchen und wirft etwas Sand auf einen Haufen.

„Das gibt keine Burg", meckert Liam.

„Doch!"

Liam sieht seinem Bruder eine Weile zu. Dann sagt er: „Ich will keine Burg mehr bauen. Ich hab Hunger!"

Linus verdreht die Augen. „Wir haben gerade erst Mittag gegessen."

„Das war bäh", sagt Liam. „Ich will Spaghetti mit Tomatensoße."

„Da musst du warten, bis Mama kommt."

Liam verzieht das Gesicht, fängt an zu weinen und schnieft. „Ich hab Hunger. Du sollst Spaghetti kochen!"

Weil Linus weiß, dass Liam keine Ruhe geben wird, geht er mit ihm in die Küche. Dort durchsucht er die Schränke. Ganz unten findet er eine Dose Tomatensoße. Im Schrank daneben liegt eine Packung Nudeln. Linus zieht den Deckel der Dose hoch. Als ihm der Tomatengeruch in die Nase steigt, spürt er, dass er auch Hunger hat. Mit der Schere schneidet er die Nudelpackung auf.

„Ich will aber Spaghetti!", ruft Liam. „Nicht die blöden Nudeln!"

„Es sind keine da."

„Ich will Spaghetti!" Liam fängt wieder an zu weinen.

„Ist ja schon gut", sagt Linus. „Ich schau im Keller nach. Du bleibst hier und bewegst dich nicht von der Stelle. Hast du verstanden?"

Liam nickt.

Linus läuft in den Keller und knipst das Licht an. Nirgendwo sind Spaghetti.

Plötzlich hört er von oben ein „Blong!". Sofort rennt
5 er wieder hoch. Was er dann sieht, kann er kaum glauben: Liam steht in einer roten Pampe.

„Ich hab doch gesagt, du sollst dich nicht rühren. Jetzt haben wir den Salat!", schimpft Linus.

10 „Kein Salat, Spaghetti mit Tomatensoße", nuschelt Liam weinerlich.

„Schscht, sei mal leise", sagt Linus.

Ein Schlüssel wird im
15 Schloss gedreht.

„Ich bin wieder da!", ruft Mama. Sie kommt in die Küche – und sieht Liam in der Tomatensoße
20 stehen. Nach ein paar Schrecksekunden fängt sie an zu lachen. Dann greift sie nach ihrem Handy und schießt ein Foto.

„Ich … ich wollte … Liam wollte Spaghetti mit Tomatensoße … Die w-wollte ich ihm kochen …",
25 stottert Linus.

„Das kriegen wir schon sauber", beruhigt ihn Mama. „Jedenfalls finde ich es schön, dass du deinem Bruder etwas zu essen machen wolltest."

Liam mustert Linus und scheint etwas zu überlegen. „Ich bin dein Bruder", sagt er schließlich. „Bist du auch mein Bruder?"

„Wenn du mein Bruder bist, bin ich auch dein Bruder. Ist doch klar."

Ganz so klar ist das für Liam noch nicht. Aber er strahlt trotzdem und sagt zu Mama: „Linus ist mein Bruder."

„Genau", bestätigt sie und lächelt. „Ihr seid Brüder. Und es ist schön, einen Bruder zu haben."

Manchmal schon, aber nicht immer, denkt Linus. Das sagt er allerdings nicht laut.

46

7. Mehr als bloß Glück _____

Nach der Doppelstunde Deutsch steht Sport auf dem Stundenplan. Darauf freuen sich die meisten Kinder. Sie nehmen ihre Sachen und gehen in Richtung Turnhalle.

5 „Beeilt euch ein bisschen!", treibt die Sportlehrerin Frau Fischle die Nachzügler an.

Nach dem Umziehen gibt sie Anweisungen: „Wir holen jetzt Kasten, Sprungbrett, Trampolin und Matten aus dem Geräteraum. Daraus bauen wir einen Par-
10 cours."

Die Kinder helfen eifrig mit. Nur Ben hängt sich an die Ringe und versucht ein paar Übungen.

„He, du Angeber!", ruft Sophie. „Du kannst auch mithelfen!"

15 Ben lacht und entgegnet: „Aufbauen könnt ihr doch viel besser! Ich mach mich schon mal warm."

„Wenn der nicht mithilft, dann mach ich auch nichts mehr", beschwert sich Sophie.

„Frau Fischle! Der Ben hilft nicht mit und turnt an
20 den Ringen!", ruft Kaya.

„Ben, komm sofort da runter!", sagt die Lehrerin scharf. „Du weißt genau, dass du nicht an ein Gerät darfst, bevor ich es erlaube!"

Ben lässt sich fallen und schlendert extra langsam
25 durch die Halle.

„Der glaubt wohl, dass er was Besseres ist", meckert
Yusuf.

Linus zieht die Schultern hoch und sagt gar nichts.
Seine Gedanken sind bei Mila. Die legt gerade blaue
5 Matten auf den Boden. Sie hat ihre Haare zu einem
Zopf geflochten. Das sieht toll aus, denkt er. Zack,
knallt ihm ein Ball gegen den Hinterkopf. Vor lauter
Schreck und von der Wucht des Balles fällt er hin.

„Spinnst du?", ruft Yusuf. Er hat gesehen, von wem
10 der Ball kam.

48

Die Schüler laufen zu Linus. Sie stehen um ihn herum und alle reden durcheinander. Linus sitzt auf dem Boden und reibt sich den Hinterkopf.

„Ben hat geworfen", sagt Yusuf zu der Lehrerin.

5 Frau Fischle trillert mit ihrer Pfeife, um für Ruhe zu sorgen. Dann fragt sie Linus: „Alles okay bei dir?"

Linus nickt.

Die Lehrerin wendet sich an Ben: „Wie oft hab ich schon gesagt, dass man mit Bällen nicht nach anderen

10 wirft? Du läufst jetzt zwei Runden extra, damit du keinen Blödsinn mehr machst!"

„Geschieht dem recht", sagt Kaya.

Mila reicht Linus die Hand und zieht ihn hoch. „Tut es sehr weh?"

15 „Geht schon wieder", antwortet er.

Die weiche Hand von Mila, ihr nettes Lächeln. Eigentlich bin ich ganz froh, dass ich den Ball gegen den Kopf bekommen habe, denkt Linus.

Nachdem alle den Parcours fünfmal geschafft haben,

20 wird gemeinsam aufgeräumt. Frau Fischle achtet darauf, dass Ben sich nicht wieder drückt. Dann lässt sie ihre Pfeife trillern. „Wir haben noch zwanzig Minuten. Wenn ihr wollt, können wir bis zum Ende der Stunde Fußball spielen."

25 „Hey, cool!" – „Ja, super!", jubeln die meisten Kinder.

„Je weniger ihr rumtrödelt, desto eher kommen wir zum Spielen", sagt Frau Fischle.

Es werden zwei Mannschaften gebildet.

„Zum Glück spielt Ben nicht mit uns", flüstert Yusuf
5   Linus zu.

„Bei dem muss man aber aufpassen. Wenn er den Ball nicht gleich erwischt, dann foult er", sagt Linus.

Doch viel wichtiger als Ben ist für Linus Mila. Er freut sich, dass sie in seiner Mannschaft spielt. Mila
10   schaut zu ihm und streckt den Daumen hoch. Linus gibt ein Lächeln zurück.

Yusuf verdreht die Augen. „He, kannst du dich jetzt mal konzentrieren?"

„Ich bin voll da", verspricht Linus und strahlt seinen
15   Freund an.

Das Spiel beginnt. Schnell wird deutlich, dass einige Jungen und Mädchen nicht wissen, worauf es beim Fußball ankommt. Sie laufen alle nur dem Ball hinterher.

20   Die Lehrerin pfeift ab und erklärt noch mal, wie man es besser macht. Dann geht's weiter.

Jan aus Linus' Mannschaft schlägt den Ball weit nach vorne. Yusuf kann ihn stoppen. Er dreht sich gekonnt und schießt aufs Tor. Der Torwart faustet den Ball weg.
25   Ben erwischt ihn und startet sofort zum Gegenangriff.

Elegant umspielt er drei Kinder und zieht ab. Der Ball landet im linken oberen Eck.

„Tor!", jubelt Ben. Er reißt die Arme hoch und rennt durch die Halle, als hätte er das Siegtor im Finale der Weltmeisterschaft erzielt.

„Nun beruhige dich aber", sagt Frau Fischle.

Einige Minuten gelingt keiner Mannschaft ein Tor. Ben dribbelt mal wieder, obwohl sich Emma und Jonas aus seinem Team freigelaufen haben. Doch Ben spielt nicht ab und will das zweite Tor schießen. Da spitzelt Linus ihm den Ball vom Fuß und läuft Richtung Tor. Ben jagt ihm hinterher. Linus setzt zum Schuss an, aber genau in dem Moment wird er von hinten umgesäbelt. Linus rutscht mit den Händen voraus ins gegnerische Tor und landet im Netz.

Frau Fischle pfeift. „Das war ein grobes Foul. Es gibt Strafstoß."

„Buuhh!", rufen einige Kinder.

„Lasst doch den armen Linus schießen. Der trifft das Tor sowieso nicht", spottet Ben.

Frau Fischle wirft ihm einen bösen Blick zu. Dann fragt sie Linus: „Möchtest du den Strafstoß ausführen?"

Linus nickt, nimmt den Ball und legt ihn auf den Punkt.

Alle warten gespannt. Es herrscht völlige Stille.

Linus geht drei Schritte zurück, nimmt Anlauf und schießt. Der Ball fliegt knapp übers Tor.

„Sag ich doch!", ruft Ben durch die Halle und lacht.

„Du bist gemein!", zischt Mila.

5 „Und du bist in die Flasche verknallt", gibt Ben zurück. „Dann küss ihn doch."

„Auf jeden Fall bin ich nicht so ein Angeber und Großmaul wie du!" Linus ballt die Fäuste und würde am liebsten …

10 „Schluss jetzt!" Die Lehrerin geht dazwischen. „Entweder du benimmst dich anständig oder du spielst nicht mehr mit", sagt sie zu Ben.

Der brummelt etwas vor sich hin. Dann läuft das Spiel weiter.

15 „Noch eine Minute!", ruft Frau Fischle.

Yusuf schnappt sich den Ball und schlägt einen langen Pass zu Linus. Der stoppt den Ball und bemerkt, dass Mila links außen startet. Mit einem Doppelpass spielen sie sich durch die Abwehr. Nun könnte Linus aufs Tor 20 schießen, aber er sieht Mila in die Mitte kommen und spielt ihr den Ball genau in den Lauf: Schuss und – Tooooor!

Sofort rennt Mila zu Linus und umarmt ihn. „Das war ein toller Pass, danke!"

25 Linus ist happy.

„Wow, was für ein genialer Spielzug!“, ruft Kaya aus Linus' Mannschaft.

„Das war super“, lobt auch die Lehrerin. „So spielt man Fußball“, sagt sie und schaut dabei Ben an.

5 „Das war doch bloß Glück!“, behauptet Ben.

„Du kannst echt nur foulen und rummeckern!“, ruft Mila.

„Und du …“

Mit einem lauten Pfiff beendet die Lehrerin den 10 Streit und das Spiel.

Mila läuft zu Ben und flüstert ihm etwas ins Ohr. Daraufhin sagt Ben: „Du kannst mich mal, du blöde Kuh.“

Auf dem Weg in die Umkleidekabinen geht Linus auf Mila zu und fragt: „Was hast du Ben denn zugeflüstert?"

Mila lächelt und antwortet: „Der, der Tore schießt, ist nicht immer der bessere Fußballspieler."

8. Eine tolle Nummer _____

Auf dem Festplatz am Rand der Stadt ist seit einigen Tagen viel Leben. Der Wanderzirkus Martinelli hat seine Zelte aufgeschlagen. Am Freitag gibt es eine Extravorstellung für die Schulkinder.

5 „Los, komm!", sagt Yusuf ungeduldig. „Damit wir einen guten Platz kriegen."

Linus ist es gar nicht so wichtig, wo er sitzt, sondern wer neben ihm sitzt. Er schaut sich nach Mila um, kann sie jedoch nicht entdecken.

10 „Jetzt komm schon!" Yusuf packt Linus am Arm und drängelt sich mit ihm nach vorne.

Ein paar Mitschüler beschweren sich, doch das ist Yusuf egal. In der ersten Reihe sieht er keine freien Plätze mehr, aber in der zweiten. Kaum sitzen die beiden,
15 nähert sich Mila und setzt sich neben Linus. Der ist so überrascht, dass er nichts sagen kann. Er freut sich riesig und in seinem Bauch scheinen eine Million Ameisen herumzukrabbeln. Leider hat er den Ring nicht dabei, sonst würde er ihn Mila jetzt schenken.

20 Yusuf bemerkt, wer sich neben seinen Freund gesetzt hat. Es sieht nicht so aus, als würde er sich darüber freuen.

„Ich bin schon sehr gespannt, ich liebe nämlich Zirkus", flüstert Mila Linus ins Ohr und kommt ihm da-
25 bei ziemlich nah. Ihm wird ganz schwummerig. Sie

riecht so … so … so gut. Da fragt Mila: „Magst du
Zirkus auch?"

Linus nickt, bringt aber vor lauter Nervosität keinen
Ton heraus.

5   Ein Trommelwirbel kündigt den Beginn der Vorstellung an. Der Zirkusdirektor betritt die Manege und
begrüßt die Kinder und ihre Lehrerinnen. Noch während er spricht, kommt von hinten ein Clown ange-
schlichen und legt einen Finger an den Mund. Die
10 Kinder sollen nicht lachen und ihn nicht verraten.
Dann greift er in eine seiner Taschen, holt eine Papiertüte heraus und bläst sie auf. Der Direktor erklärt ge-

rade, dass er und die Artisten und bestimmt auch die Tiere sich über so viele Kinder freuen. Da stellt sich der Clown dicht hinter ihn und lässt die Tüte mit einem lauten Knall platzen!

5   Die Kinder lachen.

Der Direktor lacht nicht. Er erschreckt sich fürchterlich, schimpft mit dem Clown und will ihn packen. Doch der läuft so schnell aus der Manege, wie es mit seinen übergroßen Schuhen möglich ist. Und der Di-
10   rektor hinterher, ohne ihn zu erwischen.

Die Kinder johlen, kreischen und klatschen.

Kaum sind die beiden draußen, reitet eine junge Frau auf einem Pferd in die Manege. Während das Pferd im Kreis läuft, macht die Artistin Kunststücke auf seinem
15   Rücken.

„Dass die nicht runterfällt", wundert sich Mila.

„Es sieht aus, als ob sie von unsichtbaren Fäden gehalten wird", sagt Linus.

Mila nickt und lächelt ihn an. Linus lächelt zurück.
20   Er würde Mila gern berühren, aber das traut er sich nicht.

Die Vorstellung geht weiter. Am meisten beeindruckt Linus ein Artist, der zuerst mit fünf Bällen jongliert und dann drei Pyramiden aus Blechdosen mit jeweils
25   einem Wurf vollständig zum Einsturz bringt.

Zum Schluss tritt der Direktor wieder in die Manege und sagt ein paar Worte. Unter anderem weist er auf die Sondervorstellung für Familien am Sonntag hin.

„Mir hat es so gut gefallen, ich komme mit meinen Eltern noch mal", kündigt Mila an.

„Ich auch." Das sagt Linus einfach, obwohl er seine Eltern gar nicht gefragt hat.

Zu Hause geht Linus gleich an die Tennistasche seines Vaters und holt die Bälle heraus. In seinem Zimmer probiert er, mit ihnen zu jonglieren. Zuerst nimmt er zwei, dann drei. Obwohl ihm die Bälle immer wieder hinunterfallen, gibt Linus nicht auf.

Vielleicht muss ich mir einfach mal mehr zutrauen, denkt er. In letzter Zeit ist doch einiges gut gelaufen. Und das Kompliment von Mila beim Fußball war die Krönung!

Auch am Samstag übt Linus weiter und am Sonntagmorgen. Bis zum Mittagessen schafft er es mehrmals, die Bälle mindestens eine Minute in der Luft zu halten. Und das Blatt Papier, das er an den Schrank geklebt hat, trifft er inzwischen fast mit jedem Wurf.

Am Sonntagnachmittag besucht die ganze Familie Leitner den Zirkus. Linus nimmt zwischen Lena und Papa Platz. Lieber würde er wieder neben Mila sitzen, aber das geht heute leider nicht. Er entdeckt sie mit ihren Eltern auf der gegenüberliegenden Seite. Linus winkt ihr heimlich zu.

Papa und Lena bemerken es trotzdem. Neugierig fragt Papa: „Wem winkst du denn?"

Bevor Linus antworten kann, meint Lena: „Ich glaub, ich weiß es."

„So?", fragt Papa erstaunt. „Na los, sag schon!"

Lena schüttelt den Kopf und grinst.

Linus weiß natürlich nicht, ob die Vermutung seiner Schwester stimmt. Aber er ist jedenfalls froh, dass sie schweigt.

Der Direktor begrüßt das Publikum.

„Passt auf, gleich kommt der Clown mit einer Papiertüte", sagt Linus.

„Du sollst nichts verraten!", erwidert Papa.

Doch der Clown kommt diesmal nicht. Und auch sonst ist manches in der Vorstellung anders als am Freitag.

Nach ungefähr einer halben Stunde tritt der Direktor wieder in die Manege. „Hochverehrtes Publikum, ich hoffe, Ihnen gefällt die Vorstellung und Sie sind mit dem Zirkus Martinelli zufrieden. Bevor wir eine Pause machen, bieten wir Ihnen eine einmalige Chance: Wer von Ihnen etwas Besonderes kann und sich traut, darf

59

jetzt in dieser Manege sein Talent beweisen!" Er blickt in die Runde, aber niemand meldet sich. „Nur Mut! Trauen Sie sich ruhig!", ermuntert er die Zuschauer.

Ich könnte doch …, denkt Linus und spürt sein Herz
5 pochen. Er schielt zu Mila hinüber, schluckt und hebt langsam die Hand.

„Warum meldest *du* dich?", fragt Lena verwundert.

Linus antwortet nicht.

„Mach keinen Quatsch!", sagt Papa.

10 In diesem Augenblick entdeckt der Direktor die ausgestreckte Hand. „Ein Talent!", ruft er erfreut. „Komm bitte zu mir." Dann fordert er die Zuschauer auf: „Begrüßen Sie den jungen Herrn mit einem kräftigen Applaus!"

15 Das Publikum klatscht.

„Linus, was hast du denn vor?", fragt Papa.

Da springt Linus schon über die Umrandung in die Manege. Mama ruft ihm noch etwas hinterher, aber Linus hört es nicht. Nachdem Linus sich vorgestellt hat,
20 fragt der Direktor, was er vorführen möchte.

„Mit drei Bällen jonglieren und dann auf Dosen werfen wie der Mann am Freitag", antwortet Linus.

„Aha", sagt der Direktor und ruft Anweisungen nach hinten.

25 „Mama, was macht Linus da?", fragt Liam.

„Das ist ja so peinlich", sagt Lena und würde sich am liebsten verstecken. Langsam sinkt sie auf ihrem Stuhl ein Stück weit nach unten.

Der Clown bringt drei Bälle.

5 „Hochverehrtes Publikum, ich bitte Sie um Ihre Aufmerksamkeit für … Linus!", ruft der Direktor. Es folgt ein Trommelwirbel. Der Direktor nickt Linus zu und wartet so gespannt wie das Publikum, was nun kommt.

Linus atmet tief durch und schaut zu Mila. Sie hält

10 beide Hände mit gedrückten Daumen nach vorne. Das macht Linus Mut. Er wirft den ersten Ball hoch, dann den zweiten und den dritten. Voll konzentriert schafft er es, alle drei Bälle eine Weile in der Luft zu halten.

15 „Die Bälle fliegen", babbelt Liam.

„Seit wann kann unser Sohn jonglieren?", fragt Papa erstaunt.

„Keine Ahnung", antwortet Mama.

Mila klatscht als Erste. Schnell folgt ihr das gesamte

20 Publikum. Vereinzelt sind sogar „Bravo"-Rufe zu hören. Lena kommt langsam wieder nach oben und kann nicht glauben, was sie gesehen hat. „Das gibt es nicht", murmelt sie.

Linus verbeugt sich wie die großen Artisten. In etwa

25 vier Metern Abstand stellt er sich vor die Pyramide aus

Blechdosen. Trommelwirbel. Linus holt aus, wirft den ersten Ball und trifft eine seitlich stehende Dose. Die fliegt eiernd durch die Luft und landet genau auf dem Bauch des Clowns. Der lässt sich fallen, als sei er tödlich getroffen. Einen Moment herrscht atemlose Stille. Dann springt der Clown plötzlich auf und ruft: „Volltreffer!"

Die Spannung im Publikum löst sich, es wird geklatscht.

Der zweite Ball geht daneben – und reißt dem Direktor seinen Zylinderhut vom Kopf. Die Zuschauer lachen und applaudieren.

Der Direktor wischt den Staub von seinem Zylinder, hebt drohend den Zeigefinger und ruft: „Das machst du nicht noch mal mit dem Hut des Direktors!"

Das Werfen ist zwar anders verlaufen, als Linus es sich vorgestellt hat. Aber dem Publikum gefällt es. Er nimmt den dritten Ball und holt aus. Der Direktor und der Clown laufen aus der Manege, als hätten sie Angst, erneut getroffen zu werden. Die Leute lachen wieder. Manche meinen, das sei alles einstudiert und gehöre zum Programm.

Mit dem dritten Ball trifft Linus so gut, dass die Pyramide scheppernd einstürzt. Keine Dose bleibt stehen. Einen Moment scheint Linus selbst überrascht zu sein.

Die Zuschauer sind begeistert. Während sie klatschen, „Bravo!" und „Zugabe!" rufen, kommt Mila in die Manege gelaufen und gibt Linus einen Kuss. Bevor er das richtig begreift, ist sie schon wieder weg.

„Was war denn das?", fragt Mama.

„Ein Kuss", antwortet Liam.

„Unglaublich", murmelt Papa. Und es ist nicht klar, ob er damit den Kuss, die Leistung seines Sohnes oder beides meint.

Inzwischen ist der Direktor zurück in der Manege. Linus steht immer noch regungslos da.

„Lieber Linus", sagt der Direktor laut, „im Namen des Publikums danke ich dir für diese tolle Nummer!
5 Du hast uns allen eine große Freude gemacht. Und jetzt darfst du dich wieder setzen."

Während Linus zu seinem Platz geht, hört er den stürmischen Applaus und spürt noch Milas Kuss auf der Wange. Er könnte jubeln vor Freude. Ich bin kein
10 Pechvogel, ich bin ein Glückskind, denkt er. Das ist der schönste Tag in meinem Leben!